BEI GRIN MACHT SICH IHR WISSEN BEZAHLT

AF125071

- Wir veröffentlichen Ihre Hausarbeit, Bachelor- und Masterarbeit

- Ihr eigenes eBook und Buch - weltweit in allen wichtigen Shops

- Verdienen Sie an jedem Verkauf

Jetzt bei www.GRIN.com hochladen und kostenlos publizieren

Bibliografische Information der Deutschen Nationalbibliothek:

Die Deutsche Bibliothek verzeichnet diese Publikation in der Deutschen National-
bibliografie; detaillierte bibliografische Daten sind im Internet über http://dnb.d-
nb.de/ abrufbar.

Impressum:

Copyright © 2008 GRIN Verlag, Open Publishing GmbH
Druck und Bindung: Books on Demand GmbH, Norderstedt Germany
ISBN: 9783668613676

Dieses Buch bei GRIN:

https://www.grin.com/document/387690

Anika Sossna

Codierungen von Sexualita t in Bram Stokers und Francis Ford Coppolas Dracula

GRIN Verlag

GRIN - Your knowledge has value

Der GRIN Verlag publiziert seit 1998 wissenschaftliche Arbeiten von Studenten, Hochschullehrern und anderen Akademikern als eBook und gedrucktes Buch. Die Verlagswebsite www.grin.com ist die ideale Plattform zur Veröffentlichung von Hausarbeiten, Abschlussarbeiten, wissenschaftlichen Aufsätzen, Dissertationen und Fachbüchern.

Besuchen Sie uns im Internet:

http://www.grin.com/

http://www.facebook.com/grincom

http://www.twitter.com/grin_com

Anika Sossna

Codierungen von Sexualität in
Bram Stokers und Francis Ford Coppolas
Dracula

Inhaltsverzeichnis

der Mund bietet sich zum Küssen dar -
und der Mensch ist schwach.[1]

[1] Stoker, Bram: Dracula. Berlin: Ullstein 2004. Seite 450.

1. Einleitung

Vampirismus hat schon seit je her die Menschen bewegt, doch Stoker belebt diesen Vampir-Mythos in *Dracula* (1897) neu, indem er einen Roman schafft, der viele Komponenten in sich vereint. Angefangen bei religiösen, politischen, gesellschaftlichen und natur-wissenschaftlichen Aspekten bis hin zu der sexuellen Komponente, die in dieser Arbeit, wie auch die gesellschaftliche, näher beleuchtet wird. Es ist die Sexualität, die Erotik, bei Stoker, nicht die Liebe, die im Werk *Dracula* und in Graf Dracula vertieft wird. Anders in Coppolas Verfilmung (1992).

> Bram Stoker's Dracula *provides an erotic spin on time-honored classic vampire tale by casting the Transylvanian Count as a lovesick nobleman.*[2]

Hier wird Graf Dracula, neben seiner gewaltigen Sexualität, auch die Fähigkeit zu lieben zugesprochen; und zwar die Liebe über den Tod hinaus. 'Lover never dies' wie es auf den Plakatwerbungen für den Film zu sehen und zu lesen war. Die Sexualität wird darüber hinaus aber nicht vergessen, sondern auch in den anderen Protagonisten, erweitert, verstärkt, maximiert, weswegen diese in der Analyse in den Vordergrund rückt.

Der Schwerpunkt der Arbeit liegt hierbei auf verschiedenen Gebieten, wobei die Sexualität dabei jedoch immer eine wesentliche Rolle spielt. Als erstes wird der Medienwechsel (und seine Auswirkungen auf die Codierungen von Sexualität) beleuchtet. Hierbei werden die Unterschiede aufgezeigt, die das Buch vom Film – eventuell notgedrungen – unterscheiden. Was kann der Film leisten, beziehungsweise was muss er gerade deswegen leisten, weil er Film ist im Gegensatz zum Buch? (2)

Der große Komplex, der alles umgibt, sind die Codierungen von Sexualität (3), der sich aufspaltet in die männliche Sexualität (3.1) von Graf Dracula (3.1.1) und die viktorianische der Vampirjäger (3.1.2). Dazu gehört die weibliche Sexualität von Mina Harker und Lucy Westenra, die in 3.2 analysiert wird und einem Schwerpunkt dieser Arbeit darstellt. In diesem Kapitel, das sich auch mit dem Genderdiskurs befasst, werden vor allen Dingen zwei Fragen beantwortet. Zum einen, ob Lucy der femme fatale (3.2.1) und zum anderen, ob Mina der femme fragile (3.2.2) zugeordnet werden können. Dazu werden Genderfragen bezüglich der differenten Jahrhunderte – und der Stellung der Frau in diesen – von Buch und Film (auch theoretisch) angesprochen und geklärt. Letztendlich wird die Signifikanz Draculas, das heißt, seine Bedeutung in bezug auf die weibliche Sexualität erörtert. (3.2.3).

---

[2] Flynn, John F.: Cinematic Vampires. The living dead on film and television. North Carolina. McFarland Company. 1992. Seite 292.

2. Medienwechsel: Von Bram Stokers *Dracula* zu *Bram Stoker's Dracula*

Die Faszination des bewegten Bildes ist schon lange vorhanden und nachdem sie Ende des 19. Jahrhunderts umgesetzt wird, wurde auch die Literatur nicht übersehen. Der Filmindustrie mangelte es schnell an (unterhaltenden) Drehbüchern und so bediente sie sich an den literarischen Werken; die Literaturverfilmung entstand. Neue Ausdrucksmaterien wie Bild, Ton, Geräusch und Musik ermöglichen neue Erfahrungen der Emotionen, anders als das Buch.[3] Phantasien werden im Film gelenkt und gebunden, während das Buch anregt und die Einbildungskraft aktiviert. Die Literaturverfilmung ist einerseits eine Verfilmung eines Buches, eine mögliche Form der Adaption, andererseits darf nie der Aspekt außer acht gelassen werden, dass dies immer auch ein eigenes künstlerisches Werk des Regisseurs, des Drehbuchautors ist.[4] Gerade deswegen benennen Kritiker, wie hier Heinrich Böll, solche Verfilmungen oftmals als „Kunst aus zweiter Hand."[5] Coppolas *Dracula* ist demzufolge keineswegs der ‚wahre' Dracula Bram Stokers, sondern eine eigene Inszenierung der Drehbuchautoren (James V. Hart) und des Regisseurs (F. F. Coppola), die eigene Akzente setzen und andere gegenüber der Buchvorlage verschieben. Aufgrund der Verfilmung als Kinofilm müssen – zwangsweise – gewisse Affekte wie Liebe, Schauer (Horror, Schockeffekte), Erotik und Tod, Lust und Grauen (visuelle Effekte) und die musikalische Umsetzung beachtet werden, da auch der kommerzielle Aspekt nicht ignoriert werden darf. Denn genau die Verbindung dieser Affekte und Effekte gepaart mit Graf Dracula üben den Reiz aus, der gewisse Zuschauerzahlen erwarten lässt und erwarten lassen muss.

Der Film ermöglicht nicht nur, er muss, im Gegensatz zum Buch, schnellere Szenenwechsel, komplexere, detailreichere Bilder und Dialoge leisten. Und vor allem muss er eines sein: Lebensnäher.[6] Coppolas *Dracula* ist darüber hinaus auch noch ein ungeheuer buntes, farbiges Werk, das das viktorianische England und das zigeunerische Transsilvanien teilweise sehr grell und bieder, sehr düster und unzivilisiert-barbarisch zeichnet. Es ist ein spektakuläres Kunstwerk. Das Buch, das selbst schon ein mediales Werk ist, ist eher nüchtern, logisch, denn auch nach, beziehungsweise während großer Aufregung oder bei durchwachter Nacht sind die Tagebucheinträge, Briefe, Aufnahmen

---

[3] Schneider, Irmela: Der verwandelte Text. Wege zu einer Theorie der Literaturverfilmung. Tübingen: Max Niemeyer Verlag 1981. (= Medien in Forschung und Unterricht: Serie A; Band 4). Seite 50-99.
[4] Gast, Wolfgang: Literaturverfilmung. Herausgegeben von Hans Gerd Rötzer. Bamberg: C.C Buchner 1993. (= Themen, Texte, Interpretationen 11). Seite 7-11.
[5] Heinrich Böll in einem Interview zu Verfilmung von „Gruppenbild mit Dame" vom 24.4.1977 [aus: Schneider, Irmela: Der verwandelte Text. Wege zu einer Theorie der Literaturverfilmung.. Tübingen: Max Niemeyer Verlag 1981. (= Medien in Forschung und Unterricht: Serie A; Band 4)]
[6] Paech, Joachim: Literatur und Film. 2. überarbeitete Auflage. Stuttgart/Weimar: J.B. Metzler 1997.

auf dem Phonographen - die später noch verschriftlicht werden-, Telegramme, immer ausführlich, vollständig sachlich, genau, präzise. Das Schreiben dient der Distanzierung, der Selbstaufklärung, bewirkt sicherlich eine therapeutische Funktion der Protagonisten und ist im Buch ein Mittel der Spannungserzeugung. Diese Spannung benötigt der Film in dem Sinne so nicht mehr, weil er durch die technischen Effekte wie die musikalische Untermalung und die mediale Verwirklichung selber schon genug Spannung aufbaut.

Auch ist Graf Dracula nicht wie im Buch dargestellt, sondern erhält gewisse Merkmale von Coppola wie die große Haartracht, die Möglichkeit sich am Tage bewegen zu können und auch die sexuelle Komponente wird ausgebaut: die Codierung von Sexualität wandelt sich. So ist Dracula einerseits ein schöner Prinz, der Mina verführt, um seine verlorene Liebe wieder zu erlangen, und andererseits ein Werwolf, der Lucy als animalischer Liebhaber erscheint. Liebe und Sexualität stehen sich hier als Dichotomie gegenüber. Coppola nutzt beide im Film, weil dadurch ein Meer an Möglichkeiten geboten wird, diese visuell auszubauen und dadurch eine natürliche Spannung im Film aufgebaut wird, beziehungsweise die Zuschauer einen Dracula, der so unsterblich liebt und gleichzeitig dem erotischen Diskurs unterliegt, in der (Gary Oldman-) Form noch nicht gesehen haben.

Nicht vergessen, sollte man auch – wie oben bereits erwähnt – das kommerzielle Interesse des Kinofilms, das heißt, die Präferenz der Zuschauer, wonach sie ihren Kinofilm aussuchen. Dracula-Verfilmungen an sich sind meist schon sehr beliebt, was an der Faszination der Person Dracula und seinem Mythos liegt. Gepaart mit Themen wie Liebe, Erotik und Schauer, die durchaus als ein Kriterium für einen Kinobesuch gelten können, ist es sicher, ein gewisses Maß an Publikum zu gewinnen. Gerade die erotischen Sequenzen in Stokers *Dracula* sind von Coppola übermäßig visualisiert worden; Sexualität wird geradezu provokativ gezeigt und durch die entsprechende Musik, wie das Streichorchester, wird die Erotik und die sexuelle Erregung noch maximiert. Speziell in diesen Szenen nimmt der Zuschauer (immer) eine voyeurhafte Haltung ein; er schaut intensiv zu. Auch in den folgenden Kapiteln wird immer wieder deutlich, dass einige Umcodierungen in der Sexualität von Buch zum Film stattfinden mussten.

Die Medialität von Bram Stokers Graf Dracula wird in Coppolas Graf Dracula noch deutlicher ausgebaut. So besucht Dracula, der ja selber schon ein ambivalentes Medium in dem Sinne ist, dass er Realität und Fiktionalität, Vergangenheit und Zukunft verkörpert und selber noch in Gestalten erscheinen, den Elementen gebieten kann und dazu die Sehergabe (über Tote) besitzt, im Film mit Mina einen Kinematographen – „das

Wunderwerk der zivilisierten Welt"[7] –, der den Technologiefortschritt, die Innovationen deutlich macht. Vielleicht soll es Ironie von Coppola sein, dass sich gerade Dracula für die neuen Medien interessiert und sogar selbst behauptet: „Der Wissenschaft sind keine Grenzen gesetzt."[8] Einige Szenen davor wird Graf Dracula, Prinz Vlad, in einer alten Kameraführung gefilmt, wie er tags durch die Straßen läuft und zum ersten Mal Mina begegnet.[9] Zusammen mit der Tageszeitung, die Dracula von einem Straßenverkäufer in dieser Szene angeboten wird und die über ‚seinen' Sturm und ‚seinen' Wolf berichtet, ist sie ein medialer Einwurf von Coppola, der Dracula nicht nur als gegenwartsgewandten, modernen ‚Menschen' darstellt, sondern auch als Dracula, der sich selbst reflektiert, obwohl er sich gar nicht spiegeln kann: Bilder spiegeln demzufolge endlos Bilder wider.[10] Diese These wird ebenfalls von Stefan Keppler unterstützt und weitergedacht: Er bezeichnet das Bündnis von Vampir und Film als eine auf der Gleichheit der Hybridität beruhende, in der der Film in Dracula eine Figur seiner Selbstreflexion findet und dabei die „Akzente auf seinem Befreiend-Grenzauflösenden, aber auch auf seiner tyrannischen Macht liegen."[11]

Der Part des Graf Dracula ist im Buch eher gering ausgearbeitet, was daran liegt, dass Dracula immer nur in den Aufzeichnungen der ‚Vampirjäger', Lucy und Mina erscheint, selbst jedoch nicht in den medialen Diskurs einsteigt. Im Film dagegen wird seine Rolle enorm ausgestaltet; die Präferenz wird auf Graf Dracula gelegt und so wird auch seine Seite, mit seinen Gefühlen – seiner ewigen Liebe –, seinen Denkweisen und Manipulationen sichtbar.

---

[7] Zitat Graf Dracula. In: Coppola, Francis Ford: Bram Stoker's Dracula. DVD 1999, Min. 44:35.
[8] Ebd., Min. 49:30.
[9] Ebd., Min. 42:50.
[10] Albersmeier, Franz-Josef/ Roloff, Volker (Hg.): Literaturverfilmungen. Frankfurt am Main: Suhrkamp 1989. Seite 14, Zitat von J. Paech (Vorwort).
[11] Keppler, Stefan: Prolog zum Vampirfilm. Paradoxierung und mediale Selbstreflexion in Literatur und Film. In: Der Vampirfilm. Klassiker des Genres in Einzelinterpretationen. Herausgegeben von: Keppler, Stefan/ Will, Michael. Würzburg: Königshausen & Neumann 2006. (= Film-Medium-Diskurs 14, Herausgegeben von Jahraus, Oliver/ Neuhaus, Stefan). Seite 16.

3. Codierungen von Sexualität in Bram Stokers und Francis Ford Coppolas *Dracula*

Die Codierungen von Sexualität in den beiden Werken sind sehr weitreichend und unterschiedlich. Angefangen bei der unmittelbaren Befriedigung, Oralsex, Polygamie, über sexuelle Freizügigkeit, Homosexualität, Verführung, Orgasmus, Vergewaltigung bis hin zu Defloration, Sadomasochismus, Gruppensex und vielen weiteren Codierungen und Konzeptionen von Sexualität. Deswegen wurde eine Aufteilung in männliche Sexualität (3.1) und in weibliche Sexualität (3.2) vorgenommen, die in einer weiteren Unterteilung zunächst auf die Personifikationen von Sexualität in Graf Dracula (3.1.1) und auf die viktorianische Sexualität der Vampirjäger (3.1.2) eingeht. Der Aspekt der Frau als mögliche femme fatale (Lucy) und femme fragile (Mina), der ein Schwerpunkt dieser Arbeit ist, wird in 3.2.1/3.2.2 in den Mittelpunkt rücken, um dann in 3.2.3 explizit auf die Signifikanz Draculas in diesem Diskurs einzugehen.

3.1 Männliche Sexualität

Die Sexualität ist immer im Rahmen der Gesellschaft mitbestimmt, demzufolge ist die (Tag-) Sexualität der viktorianischen Engländer stark eingegrenzt worden. Das bedeutet, wiederum, dass sich Verdrängtes und Verbotenes im Laufe der Zeit einen immer größeren Raum zu schaffen suchten. Daraus resultierte nicht nur der Triumph des Vampirs, als Ventil, sondern auch zahlreiche erotische und phantastische Literatur und Kunstwerke. Das puritanische Zeitalter war deswegen keineswegs eine Gesellschaft der Enthaltsamkeit oder gar eine Epoche der Askese. Vielmehr entwickelte sich eine Art Doppelmoral. Was tagsüber durch die gesellschaftliche Etikette verboten wurde, wurde zur Phantasie, zur nächtlichen Befriedigung im Dunkeln.[12] Auch die Wissenschaft konnte sich der Sexualität nicht verschließen und in kürzester Zeit erschienen die drei Standardwerke: *Psychopathia sexualis* 1896 von Richard Krafft-Ebing, *Studies in the Psychology of Sex* 1897 von Havelock Ellis und schließlich 1905 die *Drei Abhandlungen von der Sexualtheorie* von Sigmund Freud.

Im Folgenden wird nun zunächst die Sexualität der männlichen Figuren, Graf Dracula und der ‚Vampirjäger', analysiert.

---

[12] Borrmann, Norbert: Vampirismus oder die Sehnsucht nach Unsterblichkeit. München: Diederichs 1998. Seite 222.

5

3.1.1 Personifikation von Sexualität in Graf Dracula

Dracula ist bei Coppola ein anderer als bei Stoker, sodass sich die Sexualität ebenfalls verschieben muss. Lucy beschreibt ihr Erlebnis mit Dracula bei Stoker wie folgt:

wie etwas Süßes und zugleich unendlich Bitteres kam es über mich.[13]

Dracula verkörpert die ‚Süße' und die ‚Bitterkeit', er ist anziehend und gleichzeitig doch so gefährlich, abstoßend und undurchschaubar. Oftmals stimulieren sich Angst und Lust, Begierde und Entsetzen gegenseitig. Genau das haben beide Draculas gemeinsam. Wie auch ihre Anziehungskraft auf Frauen die gleiche ist. Der intelligente, mächtige, welterfahrene Mann, von uraltem Adel mit guten Manieren, der das Wissen von vierhundert Jahren in sich vereint, ist für viele Frauen Faszination und Erotik. Seine Erfahrenheit spiegelt sich nicht nur in dem Weltwissen wider, sondern besonders in sexueller Hinsicht, in der seine Macht und sein Reichtum eine große Rolle spielen. Er symbolisiert mit einer Eleganz die vollkommene unzensierte Befriedigung der urmenschlich animalischen Triebhaftigkeit, die so verführerisch wirkt,[14] in der sich das ‚Opfer' fallen lassen kann, und die doch aus der gesellschaftlichen Etikette ausgeschlossen wurde. Das Gute und das Böse -das Verbotene- waren schon immer zwei Gegensätze, in der das Böse, gerade in sexueller Hinsicht, meist sehr reizvoll erscheint. Die Spannung wird besonders dann gehoben, wenn es dazu noch auf die naive Unschuld trifft.

Dracula als lüsterner Verführer im Buch und gleichzeitig im Film als liebender „demonic Prince Charming"[15],

[...] der Romeo-Dracula, der [...] sehnsüchtig einsame Vampir, der nach immerwährender Vereinigung dürstet.[16]

Dracula als romantischer Prinz aus vergangener Zeit, als Verkörperung von ewigem Leben, der Verbindung von Liebe und Tod und als Vampir, der Gefühle zeigt, der verletzlich und sensibel ist und doch gleichzeitig Geheimnis und Bedrohung. Auch ist die Aura des Grafen von einer Alterität umgeben, die die Gefahr der Verführung des Unbekannten erhöht.

Dracula ist Sinnbild für vieles; auch und ganz besonders für unterdrückte Sexualität. Bei Coppola wird er darüber hinaus Metapher für die ewige, die wahre Liebe:

---

[13] Stoker, Bram: Dracula. Berlin: Ullstein 2004. Seite 123.
[14] Borrmann, Norbert. Seite 12/218.
[15] Craft, Christopher: Kiss Me with Those Red Lips: Gender and Inversion in Bram Stoker's Dracula. In: Dracula. Bram Stoker. Herausgegeben von Glennis Byron. New York: St. Martin's Press 1999. Seite 103.
[16] Borrmann, Norbert. Seite147.

Der glücklichste Mann, der auf Erden wandelt, ist der, der eines findet: Die wahre Liebe.[17]

So Dracula anfangs in einem Gespräch mit Jonathan. Doch seine Sucht (und seine Lust) nach Blut zwingt Dracula auch im Film dazu, immer wieder neue Opfer auszusuchen, um mit ihnen die Sexualität des Bisses, des Oralsex, auszuleben, was ihn nach Borrmann als Nimmersatt, als Sexaholic kennzeichnet.[18] Dracula personifiziert die Sexualität, die keine Verantwortung kennt. Die spontane (orale) sexuelle Vergnügung, die keine Heirat erfordert, sondern vielmehr einfach passiert, oder wie Erica Jong es mit den folgenden Worten knapp umschreibt: „der endgültige Fick ohne Reißverschluss."[19]

Draculas Animalität, die sich hinter seinem Frack versteckt, wird von Coppola besonders stark in folgender Szene medial umgesetzt: Mina wird im Kinematographen von dem streunenden Wolf in die Ecke gedrängt und bedroht.[20] Das Animalische, das von Dracula verkörpert wird, scheint sich in dem Wolf vereint zu haben, denn so hat Prinz Vlad kurz vorher Mina ebenso bedrängt, als seine eigene Animalität, sein Trieb, in ihm erwacht ist. Den wahren Wolf und seinen eigenen ‚zähmt' er. Nicht nur in dieser Szene, sondern auch in einigen Sequenzen vorher, in der Dracula den Vampirdamen Jonathan vorenthält, hält er seinen Trieb zurück. Seine Beweggründe hier sind jedoch teils etwas unklar. Zum einen wird -besonders bei Stoker- seine homosexuelle Neigung sichtbar:

> „Dieser Mann ist mein. [...]" Das schöne Mädchen erwiderte [...]: „Du hast nie geliebt und wirst nie lieben!"[...] Dann drehte sich der Graf um, sah mich [Jonathan. Anm. d. Verf.] eine Weile aufmerksam an und sagte im leisesten Flüsterton: „Ja und ich kann doch lieben."[21]

Draculas Blick fixiert Jonathan, als er diese Worte spricht, was daraus schließen lässt, dass Jonathan angesprochen ist und sie auf ihn bezogen sind. Bei Coppola ereignet sich die gleiche Szene, wobei Draculas Blick wieder auf Jonathan gerichtet, aber dennoch mit Draculas verändertem Liebes-Hintergrund eine andere Konnotation erhält. Nicht Jonathan ist gemeint, sondern Mina, die solche Ähnlichkeit mit Elisabetha hat und die Dracula in Kürze infolge seiner Invasion nach England, die in seinem lauten Lachen Ausdruck findet, treffen wird.

---

[17] Coppola, Francis Ford: Bram Stoker's Dracula. DVD 1999. Min. 16:34.
[18] Borrmann, Norbert: Vampirismus oder die Sehnsucht nach Unsterblichkeit. München: Diederichs 1998. Seite 229.
[19] Zitiert in: Ebd., Seite 227.
[20] Coppola, Francis Ford: Bram Stoker's Dracula. DVD 1999. Min. 49:56-52:25.
[21] Stoker, Bram: Dracula. Berlin: Ullstein 2004. Seite 53.

3.1.2 (viktorianische) Sexualität der Vampirjäger

Die Vampirjäger Abraham van Helsing, Quincey P. Morris, Dr. J. Seward, Arthur Holmwood und auch Jonathan Harker verkörpern, außer in einigen Sequenzen, im Buch wie im Film die prüde Tag-Sexualität der Viktorianer. Besonders Jonathan wirkt insgesamt sehr schwach, passiv, hat im Gegensatz zu den anderen ein geringes Vermögen und ist nicht von sich überzeugt, was vielleicht wohl auch Einfluss auf seine sexuelle Ausstrahlung und Tätigkeit (mit Mina) hat. Denn in bezug auf Jonathan wird, weder im Film noch im Buch, auf den Vollzug der Ehe eingegangen, die demzufolge vielleicht gar nicht stattgefunden hat (, im Gegenzug aber auf die Bluttaufe Draculas mit Mina). Harker erscheint nicht als aufregender leidenschaftlicher Mann, sondern als wohlüberlegter, arbeitsamer, gebildeter ‚Gentleman', der sich über die Vielzahl an Büchern in Draculas Schloss erfreut[22] und lieber bis nach seiner Transsylvanien-Reise wartet, Mina zu heiraten. Jonathan scheint das Ausleben seiner Sexualität nicht zu reizen bzw. könnte man ihm eine gewisse Impotenz unterstellen. Doch wenn sie, in Gestalt der Vampir Damen auf Schloss Dracula, zielstrebig und provokativ zu ihm kommt, will auch er sich dem nicht entziehen, sondern gibt sich hin.

> [..] ich verlangte nach ihnen und fühlte dennoch Todesangst. Ich empfand in
> meinem Herzen wildes, brennendes Begehren, dass sie mich mit ihren roten Lippen
> küssen möchten.[23]

Harker nimmt die Position der Frau ein, lässt sich verführen. Auch bei Coppola wird diese Szene auf erotisierende Weise – dem Original sehr ähnlich – dargestellt: mit leisen hingehauchten Lockrufen wird Jonathan in das Zimmer mit dem riesigen Bett, welches das Ausleben einer immensen Sexualität symbolisiert, ‚geführt' und legt sich auf diesem nieder. Nicht die Begierde Harkers ist hier dominierend, sondern die Lust der Frauen. Sie spielen ihre Leidenschaft und Macht über ihn aus, sodass die konventionelle Geschlechterrolle umgekehrt wird. Jonathan, der eine solch gewaltige erotische Phantasie, wenn überhaupt nur in seinen (Wunsch-)Träumen, noch nicht erlebt hat, muss sich dieser hingeben und lässt sich von den lüsternen Vampirdamen (oral) ‚vergewaltigen'. Coppola schmückt diese Szene mit weiteren Aspekten aus: das leise Fauchen und Stöhnen, das an die Animalität der Vampirinnen mit ihren lasziven Blicken erinnert, ihre nackten Oberkörper, das lustschmerzverzerrte Gesicht Jonathans, das mit dem Biss in sein Geschlecht einhergeht. Die Szene endet nicht wie erwartet mit einem Orgasmus, den auch

---

[22] Stoker, Bram: Dracula. Berlin: Ullstein 2004. Seite 28.
[23] Ebd., Seite 51.

das ansteigende Streichorchester vermuten lässt, sondern in dem Erscheinen von Graf Dracula. Der Kontrollverlust des Begehrens, der hier sichtbar wird, zeigt, warum die viktorianischen Engländer die sexuell agierende Frau nicht zuließen und sie gleichermaßen fürchteten und begehrten.

Lucy ‚spielt' im Film mit ihren drei potentiellen Ehemännern, ist also die aktivere. Im Buch dagegen ergreifen die Männer selbst durch ihre Heiratsanträge die Initiative und wollen Lucy an sich binden, wobei Quincey und Arthur im Film trotzdem sehr forsch und leicht ‚amerikanisch' dargestellt werden. Beleg dafür sind auch ihre teilweise recht freizügigen Redeweisen, wie hier Quincey zu Arthur:

> *Und darf ich hinzufügen, dass Miss Lucy heißer ist, als eine Junibraut, die mitten in der Sahara nackt auf einem Pferd reitet.*[24]

Dr. Seward und van Helsing dagegen, die sich der Wissenschaft verschrieben haben, erfahren bei Coppola, dass auch die Wissenschaft sich nicht vor der Sexualität schützen kann. So lässt Seward sich von Lucy umgarnen: „O Jack, küss mich!"[25] und van Helsing, die Stütze der viktorianischen Moral, am Ende von Mina, die sich ihm, ihr Kleid aufknöpfend, mit den Worten: „Auch ich weiß, was Männer begehren,"[26] nähert. Den schlafenden Vampirdamen kann sich van Helsing bei Stoker ebenfalls nur schwer entziehen und nur mit Mühe kann sich er wieder zur Räson bringen:

> *Da lag eines der Weiber [...] so voll Leben und Schönheit [...]. Dann öffneten sich die Augen des Weibes und erstrahlten in heißer Liebe [...]*[27]

Die unterdrückte Sexualität der Vampirjäger kann, beziehungsweise erlaubt sich nur, zum Vorschein zu kommen, wenn die (verboten) aktive Frau ihn dazu reizt.

---

[24] Coppola, Francis Ford: Bram Stoker's Dracula. DVD 1999. Min. 47:40.
[25] Ebd., 47:34.
[26] Ebd., 1:46:08.
[27] Stoker, Bram: Dracula. Berlin: Ullstein 2004. Seite 450.

3.2 Weibliche Sexualität und der Genderdiskurs der Jahrhunderte

Die Frau im 19. Jahrhundert, so das Rollenmuster, sollte der Kultivierung und der Befriedigung des männlichen Geschlechtstriebes dienen, denn der Mann hat durchaus einen sexuellen Trieb,

> *[...] anders die Frau. Ist es geistig normal entwickelt und wohlerzogen, so ist sein*
> *sinnliches Verlangen ein geringes. Wäre dem nicht so, so müsste die ganze Welt*
> *ein Bordell und Ehe und Familie undenkbar sein. Jedenfalls sind der Mann,*
> *welcher das Weib flieht und das Weib, welches dem Geschlechtsgenuss nachgeht,*
> *abnorme Erscheinungen. Das Weib wird um seine Kunst umworben. Es verhält*
> *sich passiv.*[28]

So Krafft-Ebing 1886 im Vorwort seiner *Psychopathia sexualis*. Als Frau die eigene Sexualität entwickeln, also selbst „aktiv Individuierung"[29] betreiben, und somit vollwertig an der bürgerlichen Gesellschaft teilnehmen, wurde nicht geduldet. Die passive Rolle der Frau, die auch physiologisch erklärt wurde, blieb lange Zeit aktuell und wurde durch solche Thesen, der überwiegend männlichen (!) Wissenschaftler, nur determiniert

Nach Judith Butler erfährt der Mann, durch die plötzliche Aktivität der Frau wie zum Beispiel provokante Blickerwiderung, eine Störung in seiner Stellung und Autorität in der männlichen Position. Die sexuell aktive Frau stellt nach der Auffassung der Zeit also eine Gefahr dar, denn so sind, laut Butler, die Kategorien des Begehrens, als Effekt einer speziellen Machtformation zu sehen.[30] Die aktive Frau ist demzufolge nicht nur Gefahrpotenzial, weil sie vielleicht, nach damaligem Stand, Syphilisüberträgerin sei, sondern, auch indem sie die Gesellschaft unterminiert. Wie in 3.1 bereits erwähnt, war die viktorianische Gesellschaft im Untergrund und in der Nacht keineswegs eine Gesellschaft der Enthaltsamkeit oder Prüderie, sodass die Männer die selbstbewusste Sexualität der erwachten Frauen wünschten, zugleich aus Angst auch verwünschten. Sichtbar wird dies in Coppolas Werk, in dem Dracula, der für Lucy und Mina jeweils eine andere sexuelle Konnotation inne hat und für die Männer, die 'Vampirjäger', nur das Monster ist, dass es zu töten gilt. Der weibliche Blick sieht die Sexualität, nicht das Monster, sieht das Entkommen von Zwängen in dem Ausleben der Lust und der Begierden, die mit dem phallischen Biss Draculas, als Befreiungsbiss von asexueller Einsamkeit, einhergehen. Dracula als sexuell-frauenbefreiende Metapher bildete sich wohl auch aufgrund der

---

[28] Krafft-Ebing, Richard: Psychopathia sexualis. 14. vermehrte Auflage. München: Matthes & Seitz Verlag 1984. Vorwort Seite 13.
[29] Eder, Franz X.: Kultur der Begierde. Eine Geschichte der Sexualität. München: Beck 2002. Seite 141.
[30] Butler, Judith: Das Unbehagen der Geschlechter. 11. Auflage. Frankfurt am Main: Suhrkamp Verlag 2007. Seite 7.

Entwicklungsmöglichkeiten der Frau im 19. Jahrhundert, die sich erstens in der konservativen Rolle, als viktorianische Ehefrau, zeigt, zweitens sich als Frau hinzugeben. Entgegen dessen kann die Frau (wie Mina bei Stoker) eine Medienkompetenz entwickeln, die bei Stoker eine Aufwertung der Frau im geistigen Sinne vorweist, den sexuellen Aspekt aber außer acht lässt. Die dritte Möglichkeit ist, seine Sexualität auszuleben, sie nach außen zu tragen, sich also von Dracula beißen zu lassen. Damit ist das weibliche Subjekt zu einer selbstbestimmenden, emanzipierten Frau geworden, die auf der Gratwanderung von ‚Mutter/Heilige' und ‚Hure' zur ‚Hure' übergewandelt ist und somit von der viktorianischen (Tag-) Gesellschaft, der gesellschaftlichen Etikette, nicht mehr geduldet werden kann.[31] Die Angst der Männer vor der erwachten, selbstbewussten Sexualität, vor der Frau, für die die Befriedigung der eigenen Wünsche und Bedürfnisse im Vordergrund steht, ist groß und bleibt doch immer geheimer Wunschtraum, wie zum Beispiel Jonathan in seinem Erlebnis mit den drei Vampir-Damen, die wohl die nächtlichen Phantasien der puritanischen Engländer darstellen sollen, erlebt (siehe 3.1.2). Im 20. Jahrhundert hat sich das Frauenbild bezüglich der sexuellen Freiheit und der Eigenständigkeit im Denken und Handeln geändert, auch das wird in Coppolas Verfilmung von 1992, obwohl sie im 19. Jahrhundert spielt, deutlich. Die Frau ist nicht mehr nur ‚Mutter', sondern auch gleichzeitig (ein bisschen) femme fatale. In den nächsten beiden Abschnitten wird die Frage diskutiert, ob Lucy als diese femme fatale und Mina als femme fragile gelten kann, dabei werden explizit Buch- und Filmszenen analysiert.

3.2.1 Lucy als femme fatale?

Lucy, die im Film einen wesentlich sexualisierteren Part hat als im Buch, repräsentiert die Umkehrung der konventionellen Geschlechterrolle, vor der sich die Männerwelt fürchtet.[32] Sie verkörpert eine weibliche aggressive Sexualität, indem sie – besonders im Film – ihren späteren Ehemann und andere Verehrer wie Quincey P. Morris und John Seward öffentlich provokativ sexuell begehrt und es geradezu auf drei Heiratsanträge ankommen lässt. Coppolas Lucy fällt durch ihre roten lockigen Haare, ihre Spielereien und Doppeldeutigkeiten, durch ihre Frivolitäten und der Aufmerksamkeit, die sie den drei Männern widmet, von vornherein als wollüstiges Objekt der männlichen Begierde ins

---

[31] Borrmann, Norbert: Vampirismus oder die Sehnsucht nach Unsterblichkeit. München: Diederichs 1998. Seite 222.
[32] Lubrich, Oliver: Das Schwinden der Differenz. Postkoloniale Poetiken. Bielefeld: Aisthesis Verlag 2004. Seite 106.

Auge.[33] Dabei ist sie mit ihrer kindlichen Stimme und ihrer kindlichen ‚Dreistigkeit' auch Sinnbild für die Unschuld der femme fragile, die auch sie ein wenig ‚spielt'. Selbst wenn sie diese kindlichen Züge besitzt, weiß sie, was sie tut, was sie darstellt, was ihre Erscheinung in einem grünen trägerlosen Kleid bewirkt. Denn immer lässt sie die männlichen Objekte durch ihr ironisches Spiel wie ‚Dummköpfe' aussehen, die sie hofieren und umschwärmen, sie begehren, denen sie sich anpreist und wieder entzieht.[34] Gerade deswegen ist die lüsterne Lucy, die „weiß [...], was Männer begehren"[35], die Angstvorstellung der Männer, die gleichzeitig eine Wunschvorstellung ist; die Projektion eigener Triebe und Sehnsüchte. Der Film gibt ihr von Anfang an die Richtung der femme fatale. Im Buch dagegen ist sie zwar auch von polygamen ‚Ideen' gezeichnet:

> *Warum kann auch ein Mädchen nicht drei Männer heiraten oder so viele, als sich um sie bewerben [...]?*[36]

und begierig danach von allen Männer umschwärmt zu werden, wie sie in einem Brief an Mina schreibt, nachdem sie den Heiratsantrag von Dr. Seward zurückgewiesen hat:

> *Verlobt zu sein ist ja ganz hübsch, aber es ist immerhin nicht ganz angenehm, so einen Mann [...] von sich zu schicken und erkennen zu müssen, dass du, was auch immer er sagen mag, dennoch für immer aus seinem Leben gestrichen bist.*[37]

bleibt aber dennoch zunächst die schöne, liebenswürdige Aristokratin, die erst nach dem Biss Draculas zur femme fatale wird.

Auf dem Weg zu seinem ‚Opfer' Lucy irrt Dracula im Film in hässlicher, behaarter, wolfsähnlicher Gestalt durch die Straßen, um das Haus der Westenraas zu finden und Lucy, die – vielleicht von ihm gewollt, von ihm angelockt – schlafwandelt, zu verführen und zu beißen. Dieser erste Biss an Lucy passiert wie im Buch auf einer Bank, wird jedoch medial vollkommen anders inszeniert. So ist Stokers Lucy in einem weißen Nachtkleid gekleidet, das an ihre Unschuld erinnert, und auch die Bank steht nicht in ihrem Garten, wie bei Coppola, sondern auf einem Dünen-Friedhof, der womöglich den nahen Tod vergegenwärtigen soll. Dracula ist kein wildes Tier bei Stoker, liegt nicht auf ihr, sondern steht hinter ihr.[38] So ist Coppolas Umsetzung dieser Szene[39] voll von sexuellen Untertönen,

---

[33] Coppola, Francis Ford: Bram Stoker's Dracula. DVD 1999. Min. 20:40.
[34] Meyer, Michael: Die Erotik der Macht und die Macht der Erotik: Bram Stoker und Francis Ford Coppolas Dracula. In: Der erotische Film. Zur medialen Codierung von Ästhetik, Sexualität und Gewalt. Herausgegeben von Jahraus, Oliver/ Neuhaus, Stefan Würzburg: Königshausen & Neumann 2003. (= Film-Medium-Diskurs 1, Herausgegeben von Jahraus, Oliver/ Neuhaus, Stefan). Seite 138.
[35] Coppola, Francis Ford: Bram Stoker's Dracula. DVD 1999. Min 20:38.
[36] Stoker, Bram: Dracula. Berlin: Ullstein 2004. Seite 79.
[37] Ebd., Seite 77.
[38] Ebd., Seite 114.

die in Lucys rotem wallenden Negligé mit tiefem Ausschnitt, in ihrem offenen roten Haaren und in ihrem rot geschminktem Mund Ausdruck finden. Sie erscheint vollkommen in Rot, der Farbe der Wolllust, der Sexualität, der Begierde und der Lust. Und vielleicht sogar der Lust am Untergang, der Lust am Verbotenem, am Dunklem, die Lust an der eigenen Sexualität. Weiter in der Szene entdeckt Mina, nachdem sie Lucys Bett leer vorgefunden hat und suchend durch das Garten-Labyrinth gelaufen ist, Lucy liegend auf der Bank mit dem wolfsartigen Dracula. Mit gespreizten Beinen und (lust-) stöhnend in eindeutiger Penetrationsstellung. Dracula verkörpert hier den ‚Mann', der zu animalischem Sex fähig ist und ihn zulässt, so wie Lucy es sich zum eigenen sexuellen ‚Erwachen' wünscht.

Die ganzen Auswirkungen des nächtlichen Abenteuers sind bei Stoker am folgenden Tag erst mal nur Lucys strahlende Schönheit, sodass der Eindruck entsteht, es habe ihr nicht geschadet, sondern gerade das Gegenteil bewirkt:

> *[...] sie sieht heute morgen blühender aus als seit Wochen.*[40]

Lucy ist durch Draculas Liebesbiss ‚erblüht', sie ist ‚erwacht'. Dracula hat sie aus ihrer asexuellen Einsamkeit herausgeholt, hat ihre verbotenen ‚Träume' wahr werden lassen. (Wenn dies auch bei Stoker teilweise eher unbewusst geschieht).

Dracula sucht Lucy gezielt aus, wahrscheinlich weil sie eine derjenigen ist, die am Sehnsüchtigsten darauf wartet sich sexuell zu erfüllen, sich selbst zu leben. Aber auch diejenige, die durch ihre hypersensible, naive und narzisstische Art, wegen ihrer herzkranken Mutter und ihres bereits verstorbenen Vaters, somit am anfälligsten für Verführungen ist.[41] Oder wie van Helsing später im Film sagt:

> *Lucy ist kein zufälliges, aufs Geratewohl aufgegriffenes Opfer. Keineswegs, Nein.*
> *Sie ist eine willige Elevin, eine atemlose Teilnehmerin, eine geile Teilnehmerin.*
> *Ganz eindeutig eine hingebungsvolle Komplizin. Sie ist des Teufels Konkubine.*[42]

Lucy ist als endgültige Vampirin die ‚anziehend-böse' Frau, die lüsterne Schönheit mit einer verführerischen Verdorbenheit, die eine Charakteristik der femme fatale ist. Ihre Kindlichkeit ist vollkommen verschwunden: nun ist sie die Vernichterin des Lebens, die sich alles einverleibt, vollkommen rücksichtslos auf Gefühle. Sie nimmt, was sie begehrt,

---

[39] Coppola, Francis Ford: Bram Stoker's Dracula. DVD 1999. Min. 38:58-41:50.
[40] Stoker, Bram: Dracula. Berlin: Ullstein 2004. Seite 117.
[41] Meyer, Michael. Seite 136.
[42] Coppola, Francis Ford: Bram Stoker's Dracula. DVD 1999. Min. 1:13:58.

verführt, um zu zerstören. Lebt und nutzt ihre exzessive, verruchte Sexualität, um den Männern ihr Blut, ihren Lebenssaft, zu rauben.

> *[...] und sagte mit leiser wollüstiger Stimme[...]: Arthur, mein Geliebter, ich bin so froh, dass du gekommen bist. Küsse mich!*[43]

Bei Coppola wird diese Szene in erotisierender Weise dargestellt: Lucy räkelt sich, durch die Nähe Draculas angeregt, leicht bekleidet auf ihrem Bett, wobei er, zunächst vor ihrem Fenster stehend, ihr befiehlt, wie sie sich zu regen hat. Durch Schreie und Stöhnen herbeigelockt, kommen van Helsing und Seward in das Zimmer und finden eine stöhnende, in Ekstase liegende Lucy mit entblößter Brust vor.[44] So ,saugt' Lucy den drei Vampirjägern bei der folgenden Bluttransfusion ihr Blut aus, die Männer dagegen ,befruchten' sie auch gleichzeitig.[45] Der femme fatale ist die Mutter-Rolle jedoch nicht mehr eigen, vielmehr kehrt sie sie um, indem sie wie Lucy, die Kinder missbraucht, um ihr Blut zu trinken. Lucy ist femme fatale. Und erst die Szene ihrer Tötung in der Gruft, ihrer Pfählung also, die diesmal im Buch viel weiter – und auch sexualisierter – ausgeführt ist, als Coppola dies im Film umsetzt, versprechen die Entzweiung zwischen Dracula und ihr und somit ihren Seelenfrieden. Kurz vor ihrem endgültigem Tod versucht sie Arthur mit einem „sinnlichen Locken in der Stimme"[46] zu sich zu holen:

> *Komm zu mir, Arthur. Laß die anderen und komm zu mir. Mein Busen lechzt nach dir. Komm, wir ruhen zusammen. Komm, mein Gatte, komm!*[47]

Durch ihr vollkommenes sexualisiertes ,Frau-sein' als femme fatale versucht sie Arthur auf seine Triebe zu fixieren, die ihm dann aber das Leben kosten könnten. Die Pfählung Lucys, von ihrem Verlobten Arthur durchgeführt, symbolisiert gleichzeitig ihre Defloration, eben weil es in der Hochzeitsnacht geschieht, gleichzeitig und gerade deswegen ist dieser sexualisierte Akt eine Gegenpenetration. Der Mann, Arthur, penetriert die Frau, Lucy, mit dem Pflock in sadistischer Weise, weil er ihre Sinnlichkeit, ihre Sexualität nehmen will.

Als Vampir wachsen Lucy, wie Graf Draculas Vampirdamen, spitze Eckzähne, die ihr zum Blutsaugen dienen. Damit eröffnet sich ein weiterer interessanter Aspekt: Diese Zähne sind Penetrationsgegenstände des Vampirs, nun aber auch des weiblichen Subjekts, womit sie männliche Eigenschaften zugeschrieben bekommt. Denn eine Frau empfängt, penetriert

---

[43] Stoker, Bram: Dracula. Berlin: Ullstein 2004. Seite 198.
[44] Coppola, Francis Ford: Bram Stoker's Dracula. DVD 1999. Min 55:44.
[45] Meyer, Michael. Seite 145.
[46] Stoker, Bram: Dracula. Berlin: Ullstein 2004. Seite 259.
[47] Ebd., Seite 259 u. Francis Ford Coppola: Bram Stoker's Dracula. DVD 1999. Min 1:23:09.

aber selber nicht. Eine ‚sie' wiederum, die mit ‚ihm' gleichgestellt ist, kann der Mann nicht dulden und ‚muss' deswegen – zwangsweise – die Frau als Vampirin, die in Lucy gleichzeitig auch noch femme fatale verkörpert, umbringen. Denn, so Craft:

> *A woman is better still than mobile, better dead than sexual.*[48]

3.2.2 Mina als femme fragile?

Mina als die femme fragile, die die gegensätzlichen Eigenschaften der femme fatale vereint? Als schwache, meist auch körperlich zerbrechliche Frau, die des männlichen Schutzes bedarf und dem Mann ausgeliefert ist? Als weibliches Wesen, dessen Sexualität nur ganz zart in der Luft liegt und dessen Unschuld an die eines Kindes erinnert? Ist das Mina?

Der große Unterschied vom Buch zum Film ist der, dass sich Mina im Film nicht als Schreiberin wiederfindet, sondern, als Liebende – als Reinkarnation von Elisabetha. Gerade deswegen musste Coppola eine andere Mina offenbaren als Stoker, weil sie liebt, von Dracula geliebt wird und somit ihre leidenschaftlichere Seite mehr zum Ausdruck kommt. Coppolas Mina als Weiterentwicklung zum Buch, vielleicht als reflektierte Mina, die nicht nur durch ihre eigenen Aufzeichnungen charakterisiert wird?

Den Gegenpart zu Mina repräsentiert Lucy. Mina beneidet Lucy mit ihrer „Schlangenhaut"[49], die aus reicherem Hause kommt als sie, womöglich auch gerade deswegen und wegen ihrer koketten Art:

> *Die Wahrheit ist, dass ich Lucy über alles bewundere. [...] Ich wünschte, ich wäre so hübsch und man würde mich so anhimmeln wie sie.*[50]

Mina möchte umschwärmt werden, verführt werden. Zunächst verkörpert Mina das viktorianische Ideal, wobei dies im Film besser zu sehen ist, als im Buch zu lesen, da sie dort wegen ihrer Medienkompetenz (männliche) Eigenschaften zugeschrieben bekommt, die ihr den Status einer modernen aktiven Frau zuweisen. Dennoch ist sie neben dieser ‚viktorianischen Maske' der Tagfrau auch einfach ‚Frau' und wünscht sich einen Mann, der sie umwirbt, liebt, ‚auf Händen trägt'. Jonathan ist bei Coppola der langsame, nachdenkliche Typ, der keine Risiken eingeht und alles plant; er kann ihr die aufregende Leidenschaft in der Liebe nicht geben. Auch Lucy ist sich nicht sicher, ob Jonathan „seiner

---

[48] Craft, Christopher: Kiss Me with Those Red Lips: Gender and Inversion in Bram Stoker's Dracula. In: Dracula. Bram Stoker. Herausgegeben von Glennis Byron. New York: St. Martin's Press 1999. Seite 106.
[49] Coppola, Francis Ford: Bram Stoker's Dracula. DVD 1999. Min. 21: 45.
[50] Ebd., Min. 22:00.

Aufgabe"[51] überhaupt gewachsen ist. Anders (Coppolas) verjüngter Dracula. Mit seiner eindringlichen, überwältigenden, impulsierenden Art, die das Gegenteil von steif-puritanisch und Alltag ist, stellt er sich Mina als Prinz Vlad von Szeklys vor:

> *[...]Eine bildschöne Dame [...] Eine Frau wie Sie. Reizend und intelligent [...] Ihre Wünsche sind mir Befehl.*[52]

Einen Mann, der sie hofiert, ihr Komplimente macht, ihre Wünsche über die seine stellt, darüber hinaus anscheinend einen unermesslichen Reichtum besitzt und die Sehnsucht nach der Fremden Freiheit verkörpert, fasziniert Mina. Einen Prinz aus fernem Land mit langen Haaren, einem Anzug, der grau ist, und nicht wie üblich schwarz, mit einer blauen Sonnebrille und einer leichten Dreistigkeit ist ihr vollkommen unbekannt, fremd und doch deswegen so anziehend. Prinz Vlad, der sie ihre weibliche Stärke spüren lässt, sodass sie keineswegs von ihm unterworfen wird, sondern sie als gleichberechtigt und dazu noch als begehrenswerte Frau ansieht, ‚weckt' sie auf.

Draculas Ankunft mit dem Schiff lässt Minas (und Lucys) Sexualität explodieren: im Regen tanzen beide im Garten umher, umarmen sich und küssen sich. [53] Mina bekommt neben ihrer Unschuld, die sie im Buch vollkommen darstellt, eine abgründigere, unbürgerlichere und leidenschaftlichere Note. Wird die erste Straßenszene mit Prinz Vlad näher beleuchtet, fällt auch hier auf, dass sie ihm zunächst mit einem Stolz, einer leichten Arroganz und Selbstsicherheit entgegentritt, der ihr anfangs nicht zugetraut wird.[54] Nachdem Jonathans Charakter klarer wird, wird bewusst, dass Mina im Film mehr als nur für sich Handeln und Denken ‚muss' und gerade deshalb eine etwas andere, aktivere Mina darstellt. Bei Stoker erlebt Mina zwar eine Aufwertung als Frau und kontaminiert auch die geläufige Gender-Ordnung, denn ihre Medienkompetenz ist unersetzlich, bleibt aber dennoch immer noch ‚nur Frau', die bei der Dracula-Jagd nur dabei sein darf, eben weil sie das Medium zu Dracula ist. Männlicher Geist gepaart mit sexueller Emanzipation und Leidenschaft ist bei Stoker nicht möglich. Besonders auffällig inszeniert ist die Szene, in der Prinz Vlad und Mina den Kinematographen besuchen. Hier tritt Mina als selbstbewusste, gebildete Frau auf, die Widerworte gibt und ihre eigene Meinung über den Kinematographen wortgewandt vertritt:

---

[51] Coppola, Francis Ford: Bram Stoker's Dracula. DVD 1999. Min. 19:49.
[52] Ebd., Min. 44:50 und 45:40.
[53] Ebd., Min. 36:44.
[54] Ebd., Min. 44:50.

Wie können Sie dies Wissenschaft nennen? Denken Sie Madame Curie lädt zu derartigen Vergleichen ein? Wirklich![55]

Mina ist keine schwache oder auch körperlich, zerbrechliche femme fragile, die abhängig von ihrem Mann ist. Sie ist Lehrerin, hat Bildung und kann für sich sorgen. Ihre Unschuld, ihre großen Augen und ihre hinter hohem Kragen und hochgestecktem Haar versteckte (Neugierde nach) Sexualität erinnern an die femme fragile und erhöhen gleichzeitig das Potenzial von Dracula gefunden zu werden. Dies ist bei Stoker und Coppola gleich: das Laster trifft auf die Unschuld. Und doch kann Coppolas Dracula Mina in der nächsten Szene, in der er Mina überwältigt und sie zu ‚vergewaltigen' droht, nicht beißen, weil er von seinen Gefühlen übermannt wird. Prinz Vlad liebt und auch Mina erkennt ihn langsam wieder. Die Szene wird durch den hereinstürmenden Wolf unterbrochen, der eine Annäherung von Mina und Dracula bewirkt, indem Vlad ihn ‚zähmt' und sie ihn beide streicheln.[56] Spätestens nach dem romantischem Tanz in einem Meer von Kerzen hat sich Mina ihrer Leidenschaft hingegeben und sich in Prinz Vlad, die alte Vertrautheit spürend, vollkommen verliebt.[57] Ihre offenen dunklen Haare und ihr dekolletiertes rotes Kleid lassen auf ihre (neu) entdeckte Sexualität schließen. Unterbrochen wird diese zärtliche Leidenschaft durch den Brief Jonathans und Minas plötzliche Abreise zu ihrer Hochzeit nach Rumänien. Sie freut sich über Jonathans Nachricht und erinnert sich an ihre ehelichen bürgerlichen Versprechen, doch die Wehmut, um den Verlust einer großen Liebe erfüllt sie:

> *Bei ihm habe ich mich lebendiger gefühlt, als je zuvor. Und jetzt ohne ihn? Schon bald eine Braut? Fühl ich mich verwirrt, verloren.*[58]

Mina reflektiert über sich selber, will ihren Prinzen vergessen und kann es doch nicht, wie die spätere Szene zeigt. Nach Stoker zwingt Dracula Mina, sein Blut zu trinken. Er unterwirft sie in einer erzwungenen Fellatio.[59] Anders bei Coppola: Dracula steigt als grüner Nebel in ihr Zimmer, kriecht unter die Bettdecke und lässt sie sexuell erbeben[60].

> *Ich habe mir das so gewünscht. Das weiß ich jetzt. Ich will mit dir zusammen sein. Für immer.*[61]

---

[55] Coppola, Francis Ford: Bram Stoker's Dracula. DVD 1999. Min. 49:38.
[56] Ebd., Min. 49:56-52:25.
[57] Ebd., Min. 1:06:14.
[58] Ebd., Min. 1:12:25.
[59] Stoker, Bram: Dracula. Berlin: Ullstein 2004. Seite 355ff.
[60] Coppola, Francis Ford: Bram Stoker's Dracula. DVD 1999. Min. 1:31:55.
[61] Ebd., Min. 1:32:19.

Prinz Vlad und Mina sind keineswegs wie bei Stoker ungleiche Partner, in dem der eine den anderen unterwirft, sondern sind hier gleichberechtigt. Mina kann sich frei entscheiden, ob sie mit ihm gehen möchte. Doch auch Prinz Vlads Geständnis, dass er Dracula sei und somit Lucy umgebracht hat, kann Mina nicht von ihrer Liebe, ihrer Leidenschaft, zu ihm abbringen:

> *Ich liebe dich. O Gott, vergib mir, es ist so. [...] Du bist meine große Liebe und meine Leben* [62]

und vollzieht mit ihm die Bluttaufe, die durch Vlads Stöhnen und die Positionen der beiden Liebenden auf dem Bett stark sexualisiert, aber auch romantisiert, an einen sexuellen Akt erinnert, um in ewiger leidenschaftlicher Liebe mit ihm zu leben. Da Dracula und Mina nie in monogamer Liebe leben können, weil sie die Sucht nach Blut – und im weiteren Sinne auch nach sexueller Befriedigung – zwingt den sexuellen Akt in Form eines Bisses immer wieder an anderen ‚Partnern' durchzuführen, kann sich ihre Liebe nur durch die Erlösung Draculas erfüllen. Mina muss bei Coppola ihren Prinzen ‚umbringen', damit sich der Untertitel des Films ‚Love never dies' bewahrheiten kann.[63] Bei Stoker werden Mina und Jonathan glücklich ihre Ehe weiterführen. Mina wird zur Ehefrau und Mutter. Diese Rückkehr in das alltägliche Leben wird bei Coppola offen gelassen, doch ist es schwer zu glauben, dass auch hier Mina mit Jonathan, der so vollkommen anders ist als Prinz Vlad, eine ruhige Ehe führen können. Für Mina, die aus der Gesellschaft mit Dracula ausgebrochen ist, die leidenschaftliche Liebe ausgelebt hat, ihre große Liebe umbringen musste, muss die konventionelle viktorianische Bürgerlichkeit, wie eine vernebelte, trostlose Wirklichkeit vorkommen.

3.2.3 Signifikanz Draculas

Draculas Nähe erregt Frauen. Er übt eine ungeheure Suggestionskraft auf Frauen aus, wie Coppola in der Szene deutlich zeigt, in der Dracula sich als Prinz Vlad durch Londons Straßen bewegt, still steht, weil er Mina entdeckt hat, und die hinter ihm stehende Frau ihn lüstern und (neu-)gierig anschaut.[64]

Graf Dracula gibt Frauen Wahl- und Handlungsfreiheiten, gibt ihnen Bestätigung im ‚Frau-sein', die Möglichkeit, ihre Sexualität auszuleben und gilt, wie bereits angesprochen, als

---

[62] Coppola, Francis Ford: Bram Stoker's Dracula. DVD 1999. Min. 1:34:30.
[63] Borrmann, Norbert: Auf der Suche nach dem Original. Francis Ford Coppolas *Bram Stoker's Dracula*. In: Der Vampirfilm. Klassiker des Genres in Einzelinterpretationen. Herausgegeben von Keppler, Stefan/ Will, Michael. Würzburg: Königshausen & Neumann 2006. (= Film-Medium-Diskurs 14, Herausgegeben von Jahraus, Oliver/ Neuhaus, Stefan) Seite150.
[64] Coppola, Francis Ford: Bram Stoker's Dracula. DVD 1999. Min 43:40.

sexuell-frauenbefreiende Metapher. Gleichzeitig besitzt er sie aber auch, indem er nach dem Biss die Kontrolle um das weibliche Geschlecht inne hat, so wie er Lucy befiehlt, wie sie sich für ihn auf dem Bett zu regen hat.[65] Es sind also zwei Tendenzen, die in Dracula vereint sind und es wäre falsch zu behaupten, dass Dracula die Frauen nur aus emanzipatorischer Sicht ‚befreit', wenn er sie danach besitzt und sie immer den Zwang spüren, Blut saugen zu müssen. Es geht vielmehr um Besitz. Den Besitz von Frauen, der im 19.Jahrhundert üblich war:

> *Der Roman beschreibt einen Konkurrenzkampf, um den ‚Besitz' von Frauen, die - rassisch, sozial, kulturell- als, die ‚eigenen' angesehen werden, zwischen deren ‚natürlichen' Ehemännern und einem als bedrohlich potent imaginierter Außenseiter, der gleichsam als ‚sozialer Ehebrecher' über sie herfällt.*[66]

Gerade deshalb erscheint Dracula den Männer als Monster das es zu töten gilt:

> *Ich bin das Monster, das jeder lebendige Mann töten will.*[67]

Und nicht nur der Roman beschreibt diesen Kampf, sondern auch Coppolas Film. Bei Coppola wird unter anderem signifikant gezeigt, dass Dracula die Gestalt annimmt, die gewünscht wird. Für Lucy ist Dracula das animalische Tier, für die Sexualität auch Aggression darstellt, für Mina ist Dracula der Verführer, der Liebhaber und gleichzeitig auch ihr Befreier (obwohl sie ihn im Gegenzug befreit, indem sie ihn erlöst). Beide sehen in ihm nicht das Monster, sondern das Entkommen von Zwängen in dem Ausleben der Lust, der Begierden und der Liebe. Bei Stoker erscheint Dracula in den Tagebucheinträgen immer als böser Traum, was vielleicht daran liegt, dass die Tagebucheinträge nur bedingt der Wahrheit entsprechen und die Begierde auch in der privatesten Form des Tagebuchs einfach unterdrückt wird, beziehungsweise werden muss. Die bedeutende Signifikanz Draculas für das weibliche Subjekt ist unweigerlich groß. Auch in heutiger Zeit ist Dracula für den Mann, womöglich gerade wegen der beachtlichen Bedeutsamkeit für die Frau, das Monster, die Verkörperung des Bösen, Rivale und Feindbild. Für die Frau jedoch symbolisiert Dracula die personifizierte Sexualität, obwohl diese sich ‚nur' in einem Biss, in dem Oralsex, vereint, der als Ersatz für den Vaginalsex dient und dazu gewalttätig ist. Doch die Lust am Verbotenem, vielleicht auch die Angst vor dem Fall (und die Lust am ‚Lustschmerz') erhöhen darüber hinaus Draculas sexuelle Signifikanz und lassen den Biss zu einem stark sexualisiertem Akt für die Frau werden.

---

[65] Coppola, Francis Ford: Bram Stoker's Dracula. DVD 1999. Min. 55:44.
[66] Lubrich, Oliver: Das Schwinden der Differenz. Postkoloniale Poetiken. Bielefeld: Aisthesis Verlag 2004. Seite 107.
[67] Coppola, Francis Ford: Bram Stoker's Dracula. DVD 1999. Min. 1:33:50.

19

4. Schluss

In den letzten Kapiteln wurden die verschiedenen Codierungen von Sexualität vor dem Hintergrund des viktorianischen Zeitalters analysiert und interpretiert. Dabei wurde deutlich, dass

> [...] the vampire was ‚Englished', and was to become a useful vehicle in many metaphors.[68]

Dracula ist Metapher für jede jegliche Differenz und Position. Er steht für die ‚dunkle' Seite im Menschen, für ungezügelte Sexualität, geheime Wünsche, ist sexueller Befreier der Frauen, gleichzeitig Herr über sie und ist für Männer immer Feindbild und Negativ-Projektion. Die anderen Charaktere, die bei Coppola ebenso eine andere Richtung bekommen haben, erfahren teils eine weitaus größere, komplexere Sexualität, als bei Stoker.

Die Sexualität und der erotische Reiz in Bram Stokers und Coppolas Dracula wird besonders von Dracula gestützt. Obwohl er im Buch nur aus Lucys, Minas und der Sicht der Vampirjäger geschildert wird, ist sein Part von der Filmindustrie und den Phantasien der (teils emanzipatorischen) Frauenwelt mächtig ausgebaut worden. Coppola zeigt ihn uns als leidenschaftlichen gefühlvollen Liebhaber Minas, der aber dennoch seine Sucht und Gier nach Blut in animalischer, sexualisierter Weise an Lucy ausleben muss. Draculas beherrschende, penetrierende Sexualität und seine Gefühle übersteigen die eines Menschen. Nach vierhundert Jahren trauert er immer noch über den Verlust Elisabethas, die er über alles liebt und in Mina wiederfindet:

> Ich habe Ozeane der Zeit überquert, um dich zu finden.[69]

Graf Dracula trauert und liebt mit einer Inbrunst, die auch seine Sexualität widerspiegelt. Sei es mit Lucy als Ungeheuer, als Wolf oder mit Mina als Liebhaber. Alles an ihm ist überdimensional und maßlos. Diese Hemmungslosigkeit und das Ausleben von Lucys und Minas -weiblicher- Sexualität wird auch in der heutigen Zeit, in der es teils kein Maß und doch so viele Tabus mehr zu geben scheint, immer wieder Thema bleiben.

---

[68] Peter D. Crudin: The Demon-Lover. The Theme of Demoniality in English and Continental Fiction of the late Eighteenth and Early Nineteenth Centuries (Harvard Dissertation). New York and London: Garland Publishing 1987. Seite 85.
[69] Coppola, Francis Ford: Bram Stoker's Dracula. DVD 1999. Min. 50:24.

5. Literaturverzeichnis

I. Primärliteratur:
- Stoker, Bram: Dracula. Berlin: Ullstein 2004.

II. Filmmaterial:
- Coppola, Francis Ford: Bram Stoker's Dracula. Columbia Tristar 1999.

III. Sekundärliteratur
- Albersmeier, Franz-Josef/ Roloff, Volker (Hg.): Literaturverfilmungen. Frankfurt am Main: Suhrkamp 1989.
- Borrmann, Norbert: Auf der Suche nach dem Original. Francis Ford Coppolas *Bram Stoker's Dracula*. In: Der Vampirfilm. Klassiker des Genres in Einzelinterpretationen. Herausgegeben von Keppler, Stefan/ Will, Michael. Würzburg: Königshausen & Neumann 2006. (= Film-Medium-Diskurs 14, Herausgegeben von Jahraus, Oliver/ Neuhaus, Stefan). Seite 137-152.
- Borrmann, Norbert: Vampirismus oder die Sehnsucht nach Unsterblichkeit. München: Diederichs 1998.
- Butler, Judith: Das Unbehagen der Geschlechter. 11. Auflage. Frankfurt am Main: Suhrkamp 2007.
- Craft, Christopher: Kiss Me with Those Red Lips: Gender and Inversion in Bram Stoker's Dracula. In: Dracula. Bram Stoker. Herausgegeben von Glennis Byron. New York: St. Martin's Press 1999. Seite 97-118.
- Crudin, Peter D.: The Demon-Lover. The Theme of Demoniality in English and Continental Fiction of the late Eighteenth and Early Nineteenth Centuries (Harvard Dissertation). New York and London: Garland Publishing 1987.
- Eder, Franz X.: Kultur der Begierde. Eine Geschichte der Sexualität. München: Beck 2002.
- Flynn, John F.: Cinematic Vampires. The living dead on film and television. North Carolina: McFarland & Company. 1992.
- Gast, Wolfgang: Literaturverfilmung. Herausgegeben von Hans Gerd Rötzer. Bamberg: C.C Buchner 1993. (= Themen, Texte, Interpretationen 11).
- Jänsch, Erwin: Vampir-Lexikon. Die Autoren des Schreckens und ihre blutsaugerischen Kreaturen. 200 Jahre Vampire in der Literatur. Augsburg: SoSo 1995.
- Keppler, Stefan: Prolog zum Vampirfilm. Paradoxierung und mediale Selbstreflexion in Literatur und Film. In: Der Vampirfilm. Klassiker des Genres in Einzelinterpretationen. Herausgegeben von Keppler, Stefan/ Will, Michael. Würzburg: Königshausen & Neumann 2006. (= Film-Medium-Diskurs 14, Herausgegeben von Jahraus, Oliver/ Neuhaus, Stefan). Seite 7-21.
- Krafft-Ebing, Richard: Psychopathia sexualis. 14. vermehrte Auflage. München: Matthes & Seitz Verlag 1984. Vorwort.
- Lubrich, Oliver: Das Schwinden der Differenz. Postkoloniale Poetiken. Bielefeld: Aisthesis Verlag 2004.
- Meyer, Michael: Die Erotik der Macht und die Macht der Erotik: Bram Stoker und Francis Ford Coppolas Dracula. In: Der erotische Film. Zur medialen Codierung von Ästhetik, Sexualität und Gewalt. Herausgegeben von Jahraus, Oliver/ Neuhaus, Stefan. Würzburg: Königshausen & Neumann 2003. (= Film-Medium-Diskurs 1, Herausgegeben von Jahraus, Oliver/ Neuhaus, Stefan). Seite 131-151.
- Paech, Joachim: Literatur und Film. 2. überarbeitete Auflage. Stuttgart/Weimar: J.B. Metzler 1997.

- Schneider, Irmela: Der verwandelte Text. Wege zu einer Theorie der Literaturverfilmung. Tübingen: Max Niemeyer Verlag 1981. (= Medien in Forschung und Unterricht: Serie A; 4).

BEI GRIN MACHT SICH IHR WISSEN BEZAHLT

- Wir veröffentlichen Ihre Hausarbeit, Bachelor- und Masterarbeit

- Ihr eigenes eBook und Buch - weltweit in allen wichtigen Shops

- Verdienen Sie an jedem Verkauf

Jetzt bei www.GRIN.com hochladen und kostenlos publizieren